Je lis avec Kimamila 1

Isabelle Le Guay
Illustrations : Marion Billet et Isabelle Nicolle
Illustrations de couverture et du personnage de Kimamila : Jean-Noël Rochut

Nathan

Des sons et des lettres : j'entends a, je vois a

a a A  a A A

Kimamila

Je nomme les dessins. Je les montre quand j'entends a.

Je montre tous les a.

A	a	o	a	o	a	O	a	A	o	a

Je regarde le mot souligné. Je dis combien de fois je le vois dans la ligne.

<u>papa</u> pipe papa papa tape papa papi patte

Je trouve l'erreur dans la frise des lettres.

a	a	a	a	a
a a	a a	a o	a a	a a

Des sons et des lettres : j'entends (i), je vois [i]

> Je nomme les dessins. Je les montre quand j'entends (i).

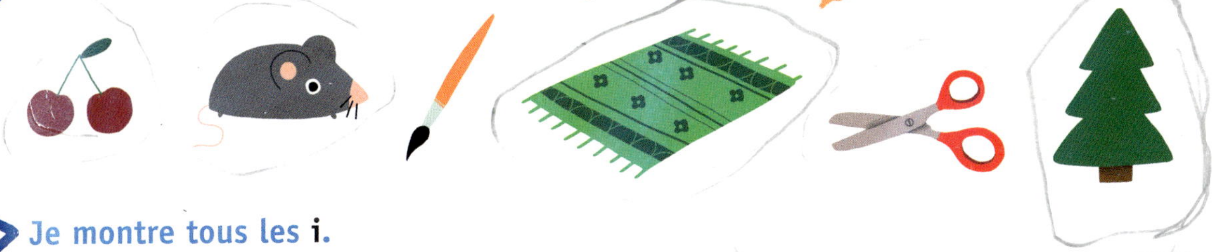

> Je montre tous les **i**.

i	I	i	i	m	L	a	i	i	L	A

> Je regarde le mot souligné. Je dis combien de fois je le vois dans la ligne.

ami mamie ami ami mamie mai ami

> Je trouve l'erreur dans la frise des lettres.

i i a — i i a — i a i — i i a — i i a

Des sons et des lettres : j'entends (m), je vois [m]

m M m M M

une main

Je nomme les dessins. Je les montre quand j'entends (m).

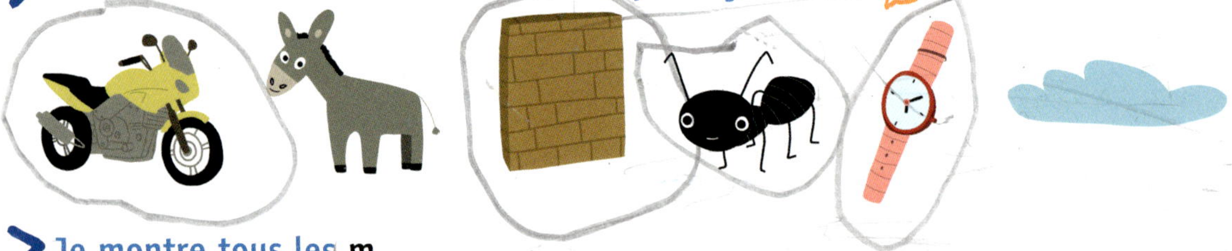

Je montre tous les m.

M	u	m	n	u	m	M	n	u	m	m

Je regarde le mot souligné. Je dis combien de fois je le vois dans la ligne.

<u>**image**</u> mage image limace imaginer imagier image

Je trouve l'erreur dans la frise des lettres.

m m m n m

i a i a i a i a i a

Le mécano des lettres

Je lis.

m-u → mu   l-u → lu   u-l → ul

mula - allu - amu - illu - umi

la mule - il allume - il a lu

Je montre tous les lu.

lu	vu	ul	pu	lu	ul	Un	Al	*li*	lu

Je dis dans quel sac peut aller chaque mot en image.

Je lis les mots. Je montre la bonne image.

la mule

la lune

Des sons et des lettres : j'entends (r), je vois [r]

r R r R R

un renard

> Je nomme les dessins. Je montre les deux intrus.

> Je regarde les mots soulignés. Je dis combien de fois je les vois dans chaque ligne.

rat rat art rat art ara rat rare

arbre arbre arbuste arbitre arbre arbre marbre

> Je trouve l'erreur dans la frise des lettres.

ar	ar	ra	ar	ar
ri ri	ri ri	ri ri	ri ri	ri ri

Le mécano des lettres

Je lis.

r–i → ri   r–a → ra   r–u → ru   a–r → ar   i–r → ir   u–r → ur

rali - rala - mala - rima - rama - rami

la rame - la larme - l'arme - la rue - le mur - le mari

Je montre tous les ar et tous les ir.

ra - ir - ri - ar - ra - ri - ar - ra - ir - ri

Je dis dans quel sac peut aller chaque mot en image.

Je lis les mots. Je montre la bonne image.

le riz

le rat

la rue

Des sons et des lettres : j'entends (e), je vois [e]

e E e ℰ E

un chemin

> Je nomme les dessins. Je montre les deux intrus.

> Je montre tous les **e**.

e	f	ℱ	e	é	E	**e**	è	E	F

> Je regarde le mot souligné et je dis combien de fois je le vois dans la ligne.

<u>renard</u> renard renaitre renard renardeau rencontre

> Je trouve l'erreur dans la frise des lettres.

e u l — e U l — E u ℓ — L u e — e u L

Le mécano des lettres

Je lis.

m-e → me   r-e → re   l-e → le

remu - relu - remi - are - ire - ure - ale - ile - ule

la lame - la lime - rire - lire - la mare - la mure - la rime

Je montre tous les re.

re	er	Te	em	ta	RE	re	li	im	re

Je dis si le mot en image peut aller dans la boite des e.

Je lis les mots. Je montre la bonne image.

la mare

la larme

la lame

Des sons et des lettres : j'entends (p), je vois [p]

> Je nomme les dessins. Je montre les deux intrus.

> Je montre tous les **p**.

p	*b*	i	p	M	P	r	l	*P*	p

> Kimamila va voir ses amis. Je trouve le chemin qui ne passe que par des **p**.

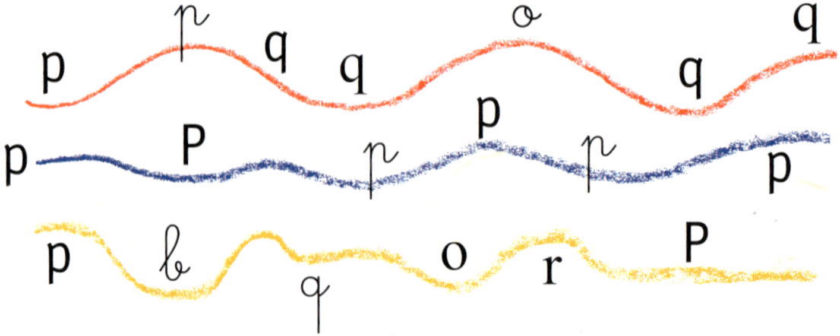

Le mécano des lettres

Je lis.

p-a → pa   p-i → pi   p-u → pu   p-e → pe

ap - pa - up - pu - ip - pi - ap - pa - pe

le papa - la pile - le puma - le pari - la pipe - le repas

Je montre tous les pa et tous les pi.

pa	pu	PI	ba	ap	ip	up	pa	la	il	pa	pi

Je dis dans quelle boite peut aller chaque mot en image.

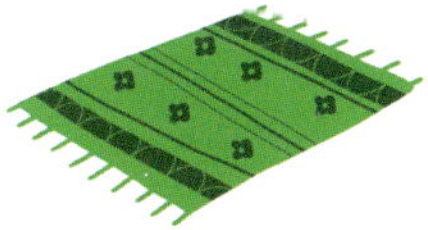

Je lis les mots. Je montre la bonne image.

un pull
un papa
une pie

Des sons et des lettres : j'entends (pr) ou (pl), je vois [pr] ou [pl]

> Je nomme les dessins. Je les montre quand j'entends (pr) ou (pl).

> Je regarde le mot souligné. Je dis combien de fois je le vois dans la ligne.

<u>plie</u> pile pile plie pile plie plie pile

> Je trouve les deux erreurs dans la frise des lettres.

pra	pra	pra	pra	pra
pri pla	pri pla	pli pla	pri pla	pri pli

Le mécano des lettres

Je lis.

p-l-a → pla   p-i-l → pil   p-r-u → pru   p-u-r → pur

pri - pur - pla - plu - pir - par - pul - pal - pru

le plat - le pull - le prix - le pli - la palme - il part

Je dis dans quelle boite peut aller chaque mot en image.

Je lis les mots. Je montre la bonne image.

une plume
une palme
une prune

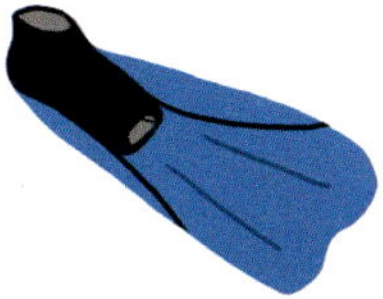

Des sons et des lettres : j'entends (ou), je vois [ou]

ou  ou

un loup

> Je nomme les dessins. Je montre la case où j'entends (ou).

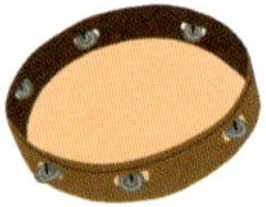

> Je montre tous les **ou**.

ou	o	oi	ou	u	ou	*ou*	oi	o	On

> Kimamila cherche l'arbre des **ou**. Je trouve le chemin qui ne passe que par des **ou**.

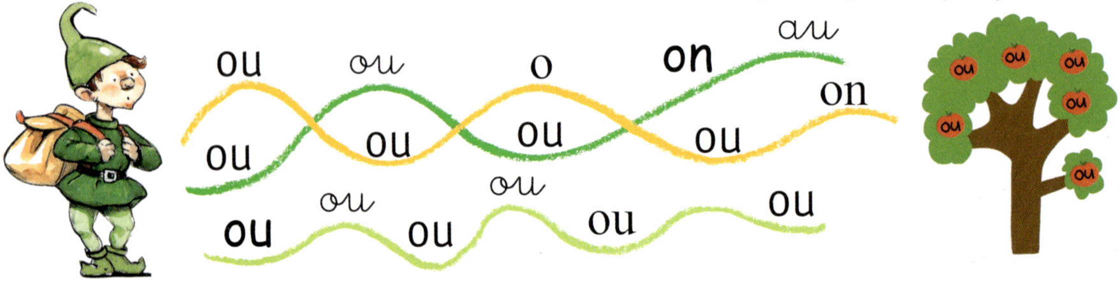

Le mécano des lettres

Je lis.

r-ou → rou   m-ou → mou   l-ou → lou   p-ou → pou

mou - lou - rou - prou - plou - poula - roula - moula

la poule - le trou - la moule - la loupe - pour - il roule

Je dis dans quelle boite peut aller chaque mot en image.

Je lis les mots. Je montre la bonne image.

la poule
la loupe
la moule

Des sons et des lettres :
j'entends (n), je vois [n]

n N n N N

un nid

Je nomme les dessins. Je montre la (ou les) case(s) où j'entends (n).

□□□ □□ □□ □□ □□□

Je retrouve la lettre et le mot soulignés dans chaque ligne.

<u>**n**</u> n u n u m n u n m

<u>**narine**</u> marin marine narine marée manie narine

Je trouve les deux erreurs dans la frise des lettres.

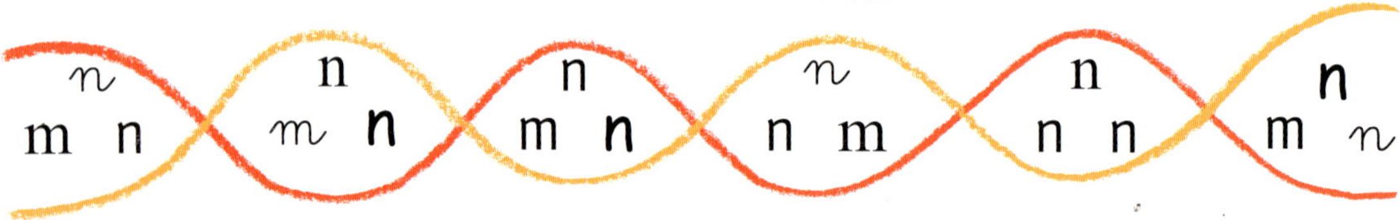

Le mécano des lettres

Je lis.

n-a → na   n-i → ni   n-u → nu   n-ou → nou

manu - noua - mina - ani - una - uni - inu

la lune - un animal - une manie - un âne - il a nourri

Je dis dans quelle boite peut aller chaque mot en image.

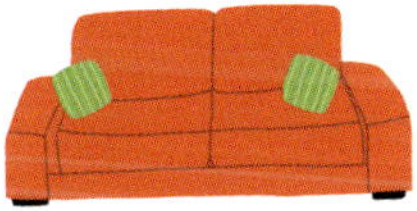

Je lis les mots. Je montre la bonne image.

le renard
la lune
les lunettes

Des sons et des lettres : j'entends (t), je vois [t]

t T  t 𝒯 T

une tarte

Je nomme les dessins. Je montre la case où j'entends (t).

Je montre tous les t.

T	f	l	t	t	𝒯	r	t	T	f

J'aide Léa à retrouver son chat en prenant le chemin qui ne passe que par des t.

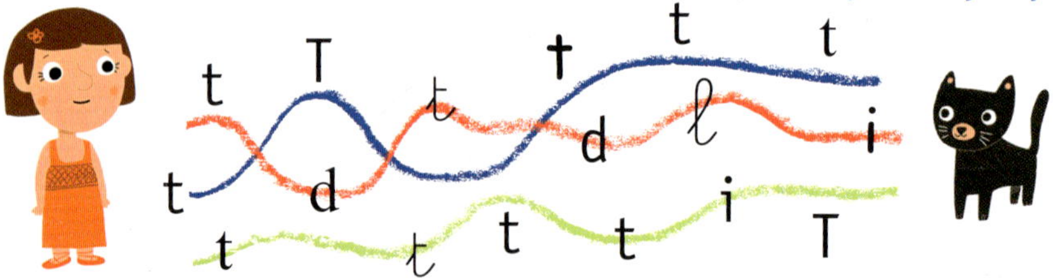

Le mécano des lettres

Je lis.

t-a → ta   t-u → tu   t-r-i → tri   t-i-r → tir

ti - tu - ta - tou - tra - tri - tru - trou - tar - tir - tur - tour

la tarte - le tapis - le matelas - la tirelire - la patte

la poutre - le pirate - la toupie - le tapir - tenir

Je dis dans quelle valise peut aller chaque mot en image.

Je lis les mots. Je montre la bonne image.

il tourne

il tire

il tape

Des sons et des lettres : j'entends é, je vois é, er ou ez

é É  é É

un téléphone

er  er

du papier

ez  ez

un nez

Je nomme les dessins. Je les montre quand j'entends é et je dis combien de fois je l'entends.

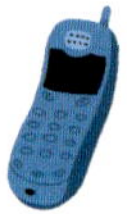    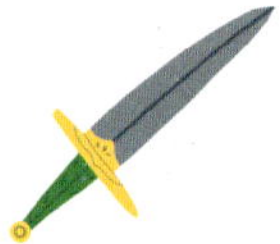

Je montre tous les **é**.

é	è	é	E	é	e	ê	é	é	e	É

Je regarde le mot souligné. Je dis combien de fois je le vois dans la ligne.

<u>élever</u> élever élève élever élève élevez élève

Je trouve l'erreur dans la frise des lettres.

é ê é   é ê é   é ê é   é é é   é ê é

Le mécano des lettres

Je lis.

n-é → né l-é → lé ...n-er → ner ...l-er → ler

...n-ez → nez ...l-ez → lez ...t-ez → tez

mé - lé - ré - pé - né - réti - téti - iné - répa

la purée - l'année - la poupée - le prunier - le nez

parler - il a parlé - vous parlez - partir - vous partez

Je dis dans quelle valise peut aller chaque mot en image.

Je lis les mots. Je montre la bonne image.

partez
roulez
tournez

Des sons et des lettres :
j'entends (s), je vois [s] ou [ss]

s S s 𝒮 S

un sapin

.ss. .ss.

une tasse

Je nomme les images. Je les montre quand j'entends (s) et je dis combien de fois je l'entends.

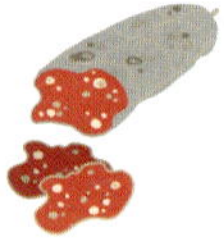    

Je retrouve la lettre ou le mot soulignés dans chaque ligne.

<u>**s**</u> P t ch s n u s C c s a

<u>**poisson**</u> poison poisson pinson passons poisson

J'aide Léa à retrouver ses poules en prenant le chemin qui ne passe que par des s.

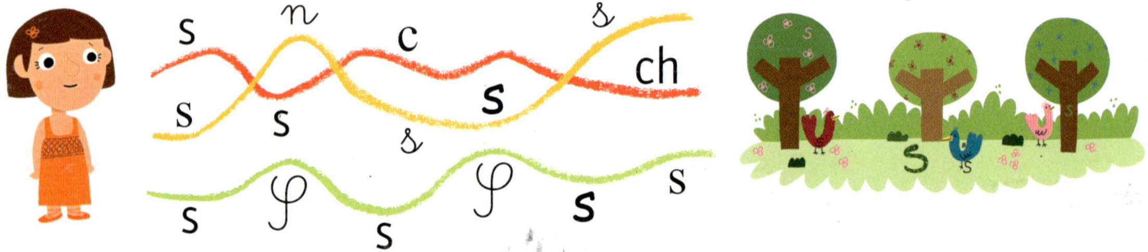

Le mécano des lettres

Je lis.

s-a → sa   s-ou → sou   s-u → su   a-ss-a → assa

i-ss-i → issi   a-ss-u → assu   si - su - sou

assi - isso - assé - issé - massu - soupi - sati - lassi

la tapisserie - le sourire - un soupir - la mousse - assez

Je dis dans quelle valise peut aller chaque mot en image.

Je lis les mots. Je montre la bonne image.

la pâtisserie
la tapisserie
la tasse

Des sons et des lettres : j’entends v, je vois v

Je nomme les dessins. Je les montre quand j’entends v.

Je montre tous les v.

V	n	t	v	v	r	s	v	V	e	u

Lina va chez le boulanger. Je trouve le chemin qui ne passe que par des v.

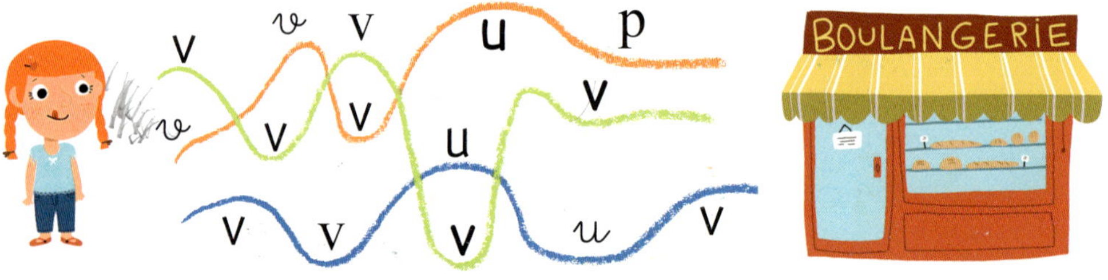

Le mécano des lettres

Je lis.

v-é → vé v-i → vi v-r-a → vra v-r-i → vri

v-a-r → var v-i-r → vir v-u-r → vur

vi - vé - va - vu - vou - vri - vra - vré - var - vir

vali - sava - ravi - évi - ouvra - navi - vélu - avi

la vallée - la ville - la vitre - la vis - la revue - l'avenue

Je dis dans quelle valise peut aller chaque mot en image.

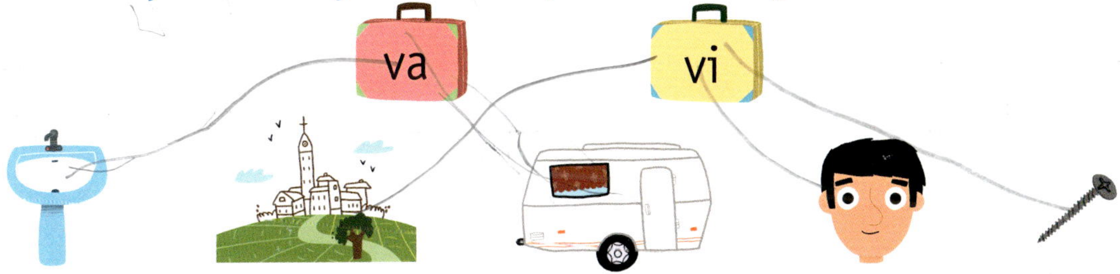

Je lis les mots. Je montre la bonne image.

la villa
la ville
la valise

Des sons et des lettres : j'entends (o), je vois [o]

o O ɑ O O

une photo

o O ɑ O O

une porte

> Je nomme les dessins. Je montre les images où j'entends (o) comme dans *chocolat* puis celles où j'entends (o) comme dans *os*.

> Je montre tous les **o**.

o	c	o	a	ơ	c	ɑ	o	o	p	q	**o**

> Je regarde le mot souligné. Je dis combien de fois je le vois dans la ligne.

porte potée porte patte portée porte port

> Je trouve les deux erreurs dans la frise des lettres.

os so **os** — so so **os** — os **so** os — os **so** so — os **so** os

Je lis.

n-o → no   r-o → ro   l-o → lo

so - lo - ro - tro - nor - rolé - sor - oté - asso

la porte - la pomme - la moto - le métro - le rôti

le sirop - la tomate - le repos - le mot - la poste

Je dis dans quelle valise peut aller chaque mot en image.

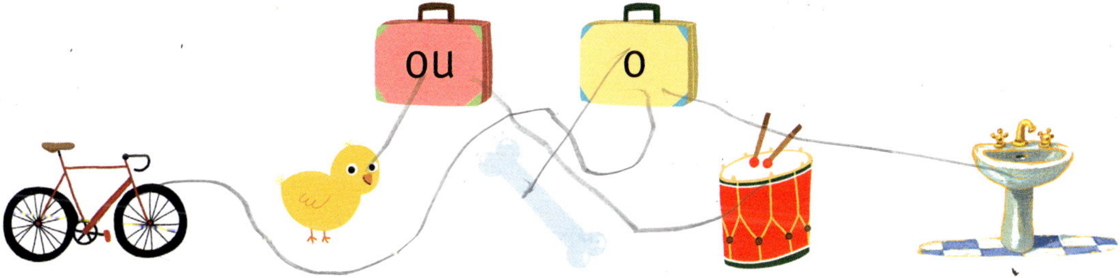

Je lis les mots. Je montre la bonne image.

la pelote   la porte   le rôti   la tomate

Des sons et des lettres : j'entends (o), je vois au ou eau

o O  au

une chaussure

o O  eau

un cadeau

Je nomme les dessins.
Je montre la (ou les) case(s) où j'entends (o).

 □□

 □□

 □□□

 □□□

Je montre tous les au.

au	an	am	eu	au	ou	na	au	ou	na	au	an

Je trouve le chemin qui passe seulement par des syllabes contenant le son (o).

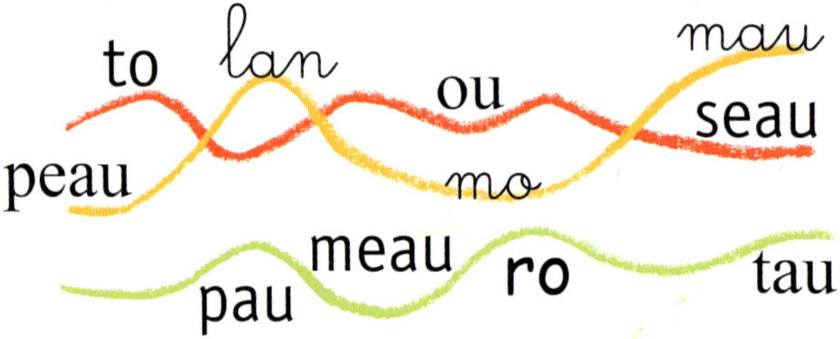

Le mécano des lettres

Je lis.

n-o → no n-au → nau m-au → mau r-au → rau

n-eau → neau r-eau → reau s-eau → seau

nau - rau - assau - meau - reau

le taureau - l'anneau - la peau - le poteau - l'auto

le veau - le préau - la taupe - il se sauve

Je dis dans quelle valise peut aller chaque mot en image.

Je lis les mots. Je montre la bonne image.

le marteau l'épaule l'auto le râteau

Des sons et des lettres : j'entends (d), je vois [d]

d D

d D D

une dame

> Je nomme les dessins. Je les montre quand j'entends (d).

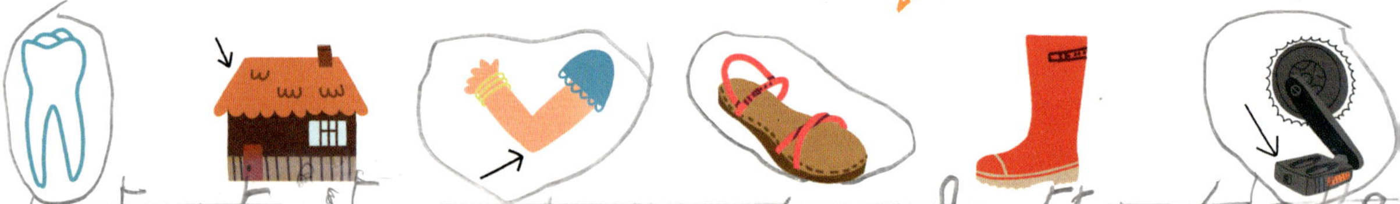

> Je montre tous les d.

d	p	b	b	d	D	q	b	d	p	d

> Je dis la couleur du ballon qui contient le même motif que le premier ballon.

Le mécano des lettres

Je lis.

da - di - do - du - dou - dé - deau - dro - dar - ado

une maladie - mardi - samedi - à midi - un radeau

une sardine - une date - un doute - adorer - dormir

Je dis dans quelle valise peut aller chaque mot en image.

Je lis les mots. Je montre la bonne image.

le drapeau

la salade

le radeau

Des sons et des lettres : j'entends (an), je vois [an], [en]

an an

une danse

en en

le vent

> Je nomme les dessins. Je les montre quand j'entends (an).

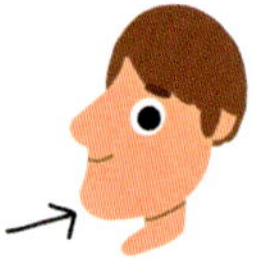

> Je montre toutes les façons d'écrire le son (an).

an	en	eu	ne	na	am	em	eu	me	e	ma	am

> Je dis la couleur du collier dans lequel j'entends seulement le son (an).

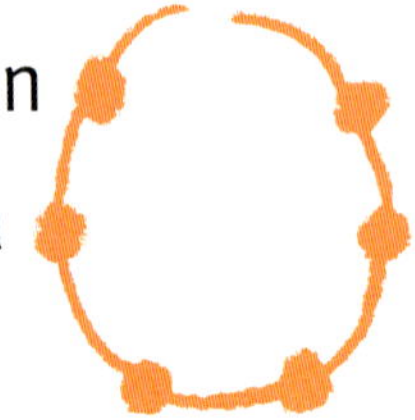

an me
na em
ne am

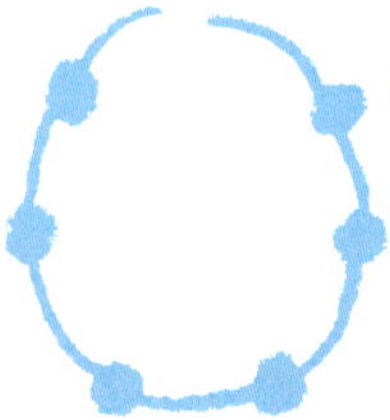

en em
am am
en an

na e
an a
en e

Le mécano des lettres

Je lis.

pan - ram - men - tem - ren - pren - tran
une endive - un dentiste - un parent - vendredi
une danse - un volant - un savant - une ampoule
la température - il emporte - il remplit

Je montre le mot qui correspond à l'image.

une pendule
un parent
un dentiste

une antilope
une ampoule
un volant

Je lis les mots. Je montre la bonne image.

une dent
une lampe
une enveloppe

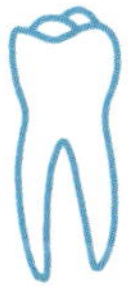

Des sons et des lettres : j'entends (ch), je vois [ch]

ch  ch

un chien

> Je nomme les dessins. Je les montre quand j'entends (ch).

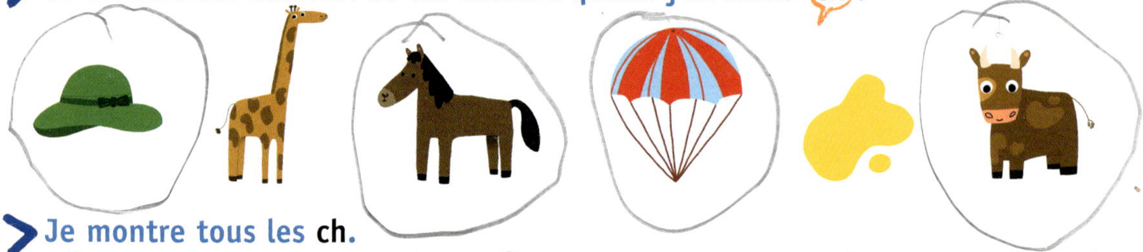

> Je montre tous les **ch**.

ch	h	cl	h	ch	ch	cl	cl	h	ch	cl	ch	ch	cl

> Je regarde le mot souligné. Je dis combien de fois je le vois dans la ligne.

chameau hameau chapeau chameau hamac chameau

> Je trouve les deux erreurs dans la frise des lettres.

cho	cho	cho	cha	cho
che cha	che cha	cha cha	che cha	che cha

Le mécano des lettres

Je lis.

ch-a → cha   ch-o → cho   ch-u → chu

chu - ché - chou - machi - pachi - pocha

le chameau - la peluche - le château - la douche

le chapeau - la machine - la tranche - la chute

Je dis dans quelle valise peut aller chaque mot en image.

Je lis les mots. Je montre la bonne image.

le chat   le château   la vache   la mouche   le cheval

Je vois la lettre h

Je lis.

ho - ha - hé - hi - thé - thi - rhu

une hanche - une hache - une housse - un rhume

une harpe - un hôpital - un héros - il hurle - il se hisse

Je dis dans quelle valise peut aller chaque mot en image.

Je lis les mots. Je montre la bonne image.

Le homard   l'hôpital   du thé   le théâtre